Cerddi
David William Lewis

Cerddi
David William Lewis

The Poems of
David William Lewis

Dawn Swarbrick (gol./ed.)

Argraffiad cyntaf: 2022

© Hawlfraint Stad David Lewis a'r Lolfa Cyf., 2022

Mae hawlfraint ar gynnwys y llyfr hwn ac mae'n anghyfreithlon llungopïo neu atgynhyrchu unrhyw ran ohono trwy unrhyw ddull ac at unrhyw bwrpas (ar wahân i adolygu) heb gytundeb ysgrifenedig y cyhoeddwyr ymlaen llaw

Cynllun y clawr: Y Lolfa
Llun y clawr: Archif David Lewis

Rhif Llyfr Rhyngwladol: 978 1 80099 265 8

Cyhoeddwyd ac argraffwyd yng Nghymru
ar bapur o goedwigoedd cynaliadwy gan
Y Lolfa Cyf., Talybont, Ceredigion SY24 5HE
e-bost ylolfa@ylolfa.com
gwefan www.ylolfa.com
ffôn 01970 832 304
ffacs 01970 832 782

First impression: 2022
© David Lewis' Estate & Y Lolfa Cyf., 2022

This book is subject to copyright and may not be reproduced by any means except for review purposes without the prior written consent of the publishers.

Cover design: Y Lolfa
Cover picture: David Lewis archive

ISBN: 978 1 78461 80099 265 8

Published and printed in Wales
on paper from well-maintained forests by
Y Lolfa Cyf., Talybont, Ceredigion SY24 5HE
e-mail ylolfa@ylolfa.com
website www.ylolfa.com
tel 01970 832 304
fax 832 782

Wedi'u casglu gan Dawn Swarbrick (ei wyres).

Gyda chymorth gan Kathleen Iacona (ei or-nith) sydd â gradd mewn hanes ac a fu'n ymchwilio i lawer o'r deunydd am ei fywyd ac amgylchiadau ei flynyddoedd cynnar sydd wedi cyfrannu i'r llyfr hwn.

Ynghyd â chymorth Jennifer Jones (née Potter, ffrind dwyieithog o ddyddiau prifysgol a hanai o Ystalyfera a Sgiwen ac a fu farw'n rhy gynnar o lawer, yn 60 oed, o fesothelioma. Helpodd i ddidoli, teipio a chyfieithu rhai o'r llawysgrifau gwreiddiol).

Cyfieithiadau gan Martin Davis, Gwasanaethau Cyfieithu Afiaith, Tre Taliesin ger Machynlleth.

Collated by Dawn Swarbrick (his granddaughter).

Assisted by Kathleen Iacona (his grandniece) a history graduate, who researched much of the material about his life and early circumstances, which have contributed to this book.

Assisted by Jennifer Jones (née Potter, a bilingual friend from university days, from Ystalyfera and Skewen, who died far too young, age 60, from mesothelioma, and who helped sort through, type up and translate some of the original manuscripts).

Translations by Martin Davis of Gwasanaethau Cyfieithu Afaith, Tre Taliesin near Machynlleth.

David Lewis a'i chwaer *c.* 1898
David Lewis and his sister *c.* 1898

David William Lewis

Ganed 18 Gorffennaf 1875. Bu farw 26 Hydref 1948.

Priododd â Mary-Ann Davies 12 Chwefror 1900
yn Eglwys y Faenor, Merthyr Tudful.

Mary-Ann Davies. Ganed 11 Ebrill 1876.
Bu farw 3 Medi 1958.

Amlosgwyd y ddau ym Mynwent Lodge Hill, Birmingham.

Born 18th July 1875. Died 26th October 1948.

Married to Mary-Ann Davies on 12th February 1900
in Vaynor Church, Merthyr.

Mary-Ann Davies. Born 11th April 1876.
Died 3rd September 1958.

Both were cremated at Lodge Hill Cemetery, Birmingham.

Cynnwys | Contents

Bywgraffiad	Biography	11
Y Chwiorydd	The Sisters	17
Y Galon Doredig	The Broken Heart	22
Oedd hi'n Deg	Was it Fair?	24
Parisina	 Lord Byron	26
Colledig – Colledig	Lost – Lost	27
Tair Act	Three Stages	29
Gweddïau nas Hoffaf	 Prayers that I don't like	31
Beddrodau wedi'u Gwyngalchu	 Whited Sepulchres	35
The Dawn of a New Day Ella Wheeler Wilcox	37
Y Morgais	The Mortgage	39
Gweddi y Ragrithiwr	The Hypocrites Prayer	43
Y Sached o Flawd	The Sack of Flour	49
Cywilydd Dychwelyd	 The Shame of Going Back Harry Lawson	53

Beddargraffiadau | Epitaphs on Tombstones	55
Dameg | A Parable James Lowell	57
Y Criw Brith | A Curious Lot	61
Y Blaid Sosialaidd | The Socialist Party	63
Oriog | Changeable	65
Y Clerwyr | The Buskers	67
Yr Hyn nas Credaf | What I don't Believe	71
Y Cload Allan yn Ne Cymru 1898 | The Lockout in South Wales 1898	73
Atgofion Annwyl | Fond Memories	77
Wrth y Ffynnon | At the Well	79
Y Môr, Y Môr | The Sea, The Sea	83
Untitled John Greenleaf Whittier	86
Y Ferch o Aberafon | The Maid of Aberavon	89
Y Sarhad | Slighted	93
Y Cyfalafwr | The Capitalist	97
Dros y Môr | Over the Sea	101
Cân y Llafurwr | Song of the Toiler	103

Ganed David ym Mhontypridd, yr hynaf o dri phlentyn, i Daniel a Margaret Lewis (née Williams). Ganed ei chwaer, Mary Ann, dair blynedd yn ddiweddarach a bu farw baban a aned dair blynedd ar ôl hynny yn chwe wythnos oed yn unig. Buont yn byw mewn tŷ carreg a godwyd gan ei dad Daniel ym Maes-y-Cwar.

Bu farw mam David, Margaret, ym 1881, ynghyd â'i baban, yn 39 oed o *phthisis*, math o ddarfodedigaeth yn y gwddf. Dim ond 6 oed oedd David ar y pryd a'i chwaer yn 3 oed. Bu'n rhaid i Daniel barhau i weithio ac felly cymerwyd y plant i ofal Mr a Mrs Green oedd yn byw ym Mhant-y-ffynnon, tŷ ychydig i lawr y ffordd. Arferai'r plant fynd i'r ysgol ym Medlinog a byddent yn gorfod cerdded tipyn o bellter ym mhob tywydd. Ym 1898, bu farw eu tad, Daniel, yn 55 oed o afiechyd arennol pan oedd David yn 23 oed.

Saer maen oedd Daniel ac yn ogystal ag adeiladu'i dŷ ei hun, byddai'n adeiladu tylciau crynion i foch y gellir gweld enghreifftiau ohonynt yn Amgueddfa Werin Cymru. Deuai ei deulu yntau o gefndir amaethyddol, ym Medlinog a Gelligaer.

Ar ôl gadael yr ysgol, bu David yn gweithio yn y pyllau glo ond wedyn ymunodd â'r ymchwydd o ymfudwyr a heidiai i feysydd glo Pennsylfania. Ymgartrefodd mewn cymuned Gymreig yn bennaf yn Nanticoke (enw Algonciaidd) ar lan afon Susquehanna. Ni wyddom yn union pryd yr ymfudodd ond mae gynnon ni feibl a gyflwynwyd iddo ym 1894 gan 'bobl ifainc Eglwys y Bedyddwyr Cymreig Nanticoke', pan fuasai'n 19 oed. Mae ei wyres, Pamela Thomas, yn credu efallai iddo fynd yno fel gweinidog dan hyfforddiant, ond nid oes gan yr eglwys bresennol unrhyw gofnodion o'r adeg honno.

Am ryw reswm – iechyd o bosib – dychwelodd David i Gymru a gwyddom ei fod yn preswylio yno cyn i'w dad farw gan mai ef a gofrestrodd ei farwolaeth.

Ym 1900, priododd â Mary-Ann Davies yn Eglwys y Faenor ychydig i'r gogledd o Ferthyr Tudful. Gof o fri oedd tad Mary yn y dre honno, ond deuai'r teulu o Lanigon ychydig i'r de o'r Mynydd Du ar gyrion beth rydyn ni'n ei nabod fel Parc Cenedlaethol Bannau Brycheiniog. Roedd Mary-Ann yn gweithio mewn siop ym Merthyr ar y pryd a chofnodir David fel colier.

Fe wnaethon nhw ymgartrefu ym Mhontypridd a chawsant 4 o blant, Mary-Ann (Nancy) 1901, Daniel 1904, Rowland 1906, ac Olwen 1911. Erbyn yr adeg honno doedd e ddim yn gweithio i lawr y pwll ac roedd wedi dod yn asiant yswiriant. Ym 1915, symudodd y teulu i Ddowlais gan gymryd drosodd busnes bach ac ar ôl y Rhyfel Byd Cyntaf ym 1919, aethant i Abertawe i gymryd drosodd siop papurau newydd. Yn ystod y cyfnod hwnnw daeth y ddau'n ysbrydegwyr ac roeddent yn aelodau o gylch o ysbrydegwyr yn lleol. Bu Mary-Ann hefyd yn gweithio'n rhan-amser fel tylinwraig yn y baddondai lleol.

Rhoes ei ferch ifancaf (Olwen) enedigaeth i fachgen bach (Peter) ym 1929 a fabwysiadwyd gan David a Mary-Ann a'i fagu fel eu mab eu hunain. Dywedid mai mab ffrindiau i Mary-Ann o'r cymoedd oedd y baban a'u bod wedi'u lladd mewn damwain. Yn ei arddegau y cafodd Peter glywed y gwirionedd pan fu raid iddo lenwi rhyw ffurflenni ar gyfer yr ysgol, ond dim ond ar ôl i ŵr Olwen (Aubrey Swarbrick) farw ym 1985 y clywodd pobl eraill yr hanes. Chafodd yntau erioed wybod y gwir gan fwynhau cwmni Peter fel brawd mabwysiedig Olwen.

Ar ganol y 1930au, penderfynodd David a Mary-Ann adael

Cymru a symud i Gaerfaddon gan ymgymryd â busnes siop papurau newydd arall. Ond, yn ystod y gaeaf cyntaf, cafwyd llifogydd trychinebus yn y seleri a bu'n rhaid symud eto ymhen ychydig dros flwyddyn i Bournemouth gan ymgymryd â Gwesty'r Kensington. Trychineb arall oedd hon oherwydd i deiffoid daro'r dre ym 1936 gan ladd nid yn unig nifer o'r trigolion ond y busnes hefyd.

Fodd bynnag, roeddent wedi meithrin diddordeb mewn lletygarwch a thoc cyn yr Ail Ryfel Byd, fe wnaethon nhw ymgymryd â thŷ lojin yn Edgbaston, Birmingham, yn agos i le'r oedd eu mab hynaf, Dan, yn byw. Yno arhoson nhw gan gael blas ar redeg y busnes hwnnw tan y diwedd. Bu farw David ym 1948 yn 73 oed a Mary-Ann ym 1958 yn 82 oed.

Darllenydd, meddyliwr ac athronydd mawr oedd David ar hyd ei oes. Roedd yn methu goddef rhagrith a thwyll. Byddai bob amser yn nodi ei wir deimladau yn onest ar bapur. Gwelai harddwch mewn bywyd a theimlai mai rhywbeth sicr yw bywyd y tu hwnt i'r bedd.

Cymerir cynnwys y llyfr hwn o'i lyfrau nodiadau. Ef oedd awdur y rhan fwyaf o'r cerddi, ond cynhwysir rhai a gopïwyd ganddo i'w lyfr nodiadau a gallwn ragdybio eu bod yn taro deuddeg iddo gan eu bod i'w gweld yn berthnasol i rai agweddau ar ei fywyd.

David was born in Pontypridd, the eldest of three children, to Daniel and Margaret Lewis (née Williams). His sister Mary Ann was born three years later and a baby, born three more years later died aged just six weeks old. They lived in a stone house his father Daniel built at Maes-y-Qwar.

David's mother Margaret died in 1881, with her baby, aged 39 of phthisis, a tuberculosis of the throat. Then David was only 6 years old and his sister 3 years old. Daniel had to continue working, so the children were taken in by Mr and Mrs Green who lived in Pant-y-ffynnon, a house just down the road. The children went to school in Bedlinog, having to walk quite some distance in all weathers. Their father, Daniel, died in 1898, aged 55, of renal disease when David was 23 years old.

Daniel was a stone mason and as well as building his house he built circular stone pigsties, examples of which can be seen in the Welsh Folk Museum. His family background was one of farming, in Bedlinog and Gellilgaer.

After leaving school, David worked at the mines, but then joined the swell of emigrants to the coalfields in Pennsylvania. Settling in a predominantly Welsh community in Nanticoke (an Algonquin name) on the Susquehanna River. We don't know exactly when he emigrated but, we have a bible presented to him in 1894 by "the young people of the Welsh Baptist Church of Nanticoke", when he would have been 19 years old. His granddaughter Pamela Thomas thinks he may have gone as a trainee minister, but the current church has no records from this time.

For some reason, maybe health, David returned to Wales, and we know he was resident there before his father died, because he was the person who registered his father's death.

In 1900, he married Mary-Ann Davies in Vaynor church, just north of Merthyr Tydfil. Mary-Ann's father was a master blacksmith in Merthyr, but the family came from Llanigon, just north of the Black Mountains on the edge of what is now the Brecon Beacons National Park. Mary-Ann was working as a shop assistant in Merthyr at the time and David's occupation was given as miner.

They set up home in Pontypridd and had 4 children: Mary-Ann (Nancy) 1901, Daniel 1904, Rowland 1906, and Olwen in 1911, by which time he had ceased working in the mines and become an insurance agent. In 1915, the family moved to Dowlais, taking over a small business and after the First World War in 1919, moved to Swansea to take over a newsagent's. During that time they both became spiritualists and belonged to a local circle. Mary-Ann also worked part-time as a masseuse at the local baths.

His younger daughter (Olwen) gave birth to a baby boy (Peter) in 1929, who he and Mary-Ann adopted and brought up as their son. The story was that he was the son of friends of Mary-Ann's from the valleys who had been killed in an accident. Peter was told the truth as a teenager, when he had to complete forms for school, but others only heard the story after Olwen's husband (Aubrey Swarbrick) had died in 1985. He never knew, but enjoyed Peter's company as Olwen's adopted brother.

In the mid 30's David and Mary-Ann decided to leave Wales, and moved to Bath, taking over another newsagent's business, but, in the first winter flooded cellars proved to be a disaster and they moved again in just over a year to Bournemouth, taking on the Kensington Hotel. This also was a disaster, because a typhoid outbreak hit Bournemouth in 1936, and killed not only a number of people but the business too.

However, they had developed an interest in hospitality and just before the Second World War took on a Boarding House in Edgbaston, Birmingham, near to where their eldest son Dan was living. There they stayed, enjoying running that business to the end. David died in 1948 aged 73, and Mary Ann in 1958 aged 82.

Throughout his life David was a great reader, thinker and philosopher. He couldn't stand hypocrisy and humbug. He always wrote of his true and honest feelings. He saw beauty in life, and felt the certainty of an existence after death.

The contents of this book are taken from his notebooks. The majority of the poems are his, but some that he had copied into his notebook and we can assume had a certain poignancy have also been included as they seem to relate to certain aspects of his life.

Y Chwiorydd

Dihunodd dwy chwaer, Rhoda ac Annie,
Berfeddion nos i sŵn glaw'n tasgu,
Y gwynt yn rhuo ac ymchwydd mawr y tonnau
Yn dringo'n uwch ac yn uwch ar y creigiau.
Cododd Annie yn ei betgwn gwyn
Gan edrych mas i'r nos a'r tywydd gerwin
"Ust a gwranda" gwaeddodd yn daer,
"Chlywaist ti ddim byd fy annwyl chwaer?"
"Rwy'n clywed y môr a sŵn y glaw,
A gwynt y gogledd-ddwyrain a'i ru di-daw."
"Cer yn ôl i'r gwely a chwtshio'n glyd,
Ddaw dim daioni o wylio storom sydd mor enbyd.
Pwy ots sy 'da ti, fe hoffwn inne wybod
Fod y tonne'n rhuo a chorwyntoedd yn ymosod?
Does 'da ti'r un cariad yn hwylio ar fwrdd llong
I fethu goleuadau'r harbwr ar noson fel hon."
"Ond clywais lais yn bloeddio f'enw deirgwaith
Lan o'r môr ar y gwynt y daeth!
Ddwywaith, deirgwaith mi a'i clywais
Ac Estwick Hall oedd perchennog y llais!"

Ar ei gobennydd bu pen y chwaer yn troi a throsi.
"Mae Hall o'r *Heron* yn ddiogel," meddai hi
"Yn y sgwner dalaf a fu erioed ar y môr
Yn Anisquam mae'n swatio ar angor
A phe bai mewn peryg o ddilyw'r lli
Neu greigie'r glanne a fydde'n galw arnat ti?"
Ond ni chlywai'r ferch ond sŵn y gwynt a'r tonne
Gan wasgu ei dwylo bach gwynion, gweiddai:

"O Rhoda fy chwaer, mae rhywbeth mawr o'i le
Mi a'i clywais eto'n uchel dros y lle
'Annie, Annie,' fe glywais ei gri
A llais Estwick Hall sy'n galw arna i."

Yr hynaf neidiodd ar ei thraed a thân yn ei llygaid hi
"Dal dy gelwydd, ni fydde byth yn galw dy enw di:
A phe buasai, gweddïwn fod y gwynt a'r weilgi
Yn ei gadw am byth rhagot ti a fi!"
Yna o'r môr chwythodd hyrddiad cas;
Fel llef dyn ar farw fe sgubodd heibio ar ras.
Mygodd y ferch ifanc riddfan ar ei min
Ond drwy ei dagrau tywynnai rhyw olau cyfrin –
Gorfoledd syber ei chalon yn ymollwng o'r diwedd
Wrth arddel ac anwylo ei chariad mewn tangnefedd.
"F'anwylaf," sibrydai dan ochneidio'n hir,
"Celwydd oedd bywyd ond angau biau'r gwir.
Fe wnaiff y serch a gedwais i ynghudd
Goron i mi bellach yn llygad golau dydd."

The Sisters

Annie and Rhoda sisters twain,
Woke in the night to the sound of rain,
The rush of wind, the ramp and roar
Of great waves climbing a rocky shore.
Annie rose up in her bedgown white
And looked out into the storm and night
"Hush and harken" she cried in fear,
"Hearest thou nothing sister dear?"
I hear the sea and the splash of rain,
And roar of the north-east hurricane.
"Get thee back to the bed so warm,
No good comes of watching a storm.
"What is it to thee, I fair would know,
That waves are roaring and wild winds blow?
"No lover of thine's afloat to miss
The harbour lights on a night like this"
"But I heard a voice cry out my name
Up from the sea on the wind it came!
Twice and thrice have I heard it call
And the voice is the voice of Estwick Hall!"

On her pillow the sister tossed her head.
"Hall of the Heron is safe," she said
"In the tallest schooner that ever swam
He rides at anchor at Anisquam
And if in peril from swamping sea
Or lee shore rocks, would he call on thee?"
But the girl heard only the wind and the tide
And wringing her small white hands she cried:

"O sister Rhoda, there's something wrong
I hear it again so loud and long
"Annie, Annie, I hear it call,
And the voice is the voice of Estwick Hall."

Up sprang the elder with eyes aflame
Thou liest, he never would call thy name:
"If he did I would pray the wind and the sea
To keep him forever from thee and me!"
Then out of the sea blew a dreadful blast;
Like the cry of a dying man it passed.
The young girl hushed on her lips a groan,
But through her tears a strange light shone,-
The solemn joy of her heart's release
To own and cherish it's love in peace.
"Dearest" she whispered under breath,
Life was a lie but true is death.
"The love I hid from myself away
Shall crown me now in the light of day.
"My ears shall never to wooer list,
Never by lover my lips be kissed.
"Sacred to thee am I henceforth,
Thou in heaven and I on earth!"
She came and stood by her sister's bed;
"Hall of Heron is dead." she said.
"The wind and the waves their work have done,
We shall see him no more beneath the sun.
"Little will wreck that heart of thine,
It loved him not with a love like mine.
"I, for his sake, were he but here
Could hem and 'broider thy bridal gown,

"Though hands should tremble and eyes be wet,
And stitch for stitch in my heart be set.
"But now my soul with his soul I wed;
Thine the living and mine the dead!"
"Trust is truer than our fears,"
Runs the legend through the moss,
"Gain is not in added years,
Nor in death is loss."

Y Galon Doredig

Diffodded yr huan, darfydded y dydd
A chladder fi yn y tywyllwch,
Mae'm calon doredig heb namyn o ffydd
A'm bywyd yn wag o ddedwyddwch;
Gwae gwae yr hudolas
A'i waniad tywyllodrus
Ysbeiliodd fy hedd, disgynaf i'r bedd
Yn llwm a a siomedig gan Galon doredig.
Gorchuddiwch y blodau a gwywed yr ardd
Mae'n boen i mi weld eu prydferthwch,
O! Na bae'r 'Lili' a fu gynt yn un hardd
Hyd heddyw yn meddu ei thegwch
Gwae gwae yr ysbeilydd, Hyd yma'n ddigywilydd
Mae'n rhoi'n rhydd a gwên ar ei rudd
A minnau'n unig, a'm bron yn doredig
Yng nghladdfa'r tlotdy caf yno fy medd
Yn rhandir yr anadnabyddus,
O! Dduw, rho' drugaredd, dy wenau a'th hedd
Yn gymorth i eneth anffodus;
Gwae gwae fy mradychwr, yw iaithwedd fy nghyflwr!
Disgynaf i'r glyn; O, na bawn yn wyn –
Heb galon doredig, na bywyd siomedig.

The Broken Heart

Extinguish the sun, let the day be ended
And bury me in deepest darkness,
My broken heart of faith vacated
And my life devoid of happiness;
Woe to that back-stabbing enchantress
Who shattered my peace, to my grave I descend
Bereft and hurt from a broken heart that won't mend.
Cover up the flowers, let the garden wilt and die
When I behold their beauty, filled with pain am I,
O, that the 'Lily' that was once so fair
Might be restored and flower again.
Woe to the wrecker who has no shame,
So free-giving, a smile on his face
And I am lonely, almost cleft in twain
In a workhouse grave I shall be lain
In the plot for those who have no name.
O, God have mercy and bestow your grace and peace
To help this poor unfortunate lass.
Woe to my betrayer, is the cry of my despair!
To the Valley of Death I descend; O, that I were blessed
With neither a broken heart nor a life so distressed

Oedd hi'n Deg?

Pan flagurai a blodeuai rhosynnau'r haf
A'r gwenith dan eurbwn yn plygu'n bendrwm
Daeth y mab afradlon yn flinedig a charpiog
I'r aelwyd lle atseiniai ei gamau erstalwm.
Yn ei ddillad cydiasant yn eu dagrau a'i fwytho
Gorlifai ffiol y croeso'n orfoleddus lon
A phlethwyd blodau serch a maddeuant
Yn goron flagurol i'r Bachgen Afradlon.
Pan ubai'r gaeafwynt drwy annedd-dai'r dynion
A hongiai'r clychau iâ o bob cangen a bondo
Yn amddifad a digartref sleifiai'r Ferch Afradlon
I gartref ei hieuenctid unwaith eto.
Ond fe'i troesant ymaith i'r ddrycin a'r gwyll
I'r gwyntoedd iasoer a'u hanadl angheuol
Ac mor ffyrnig â'r storom ac mor greulon â marwolaeth
Oedd y melltithio didostur a hyrddiwyd ar ei hôl.

Was it Fair?

When the roses of summer were budding and blooming
And the yellow wheat bent 'neath it's burden of gold
The prodigal son came world weary and tattered
To the home where his footsteps had echoed of old
And they clung to his garments with tears and caresses
Till the cup of his welcome ran over with joy
And the flowers of love and forgiveness were woven
In a blooming crown for the Prodigal Boy.
When the icicles hung from the eaves and the branches
And the winter winds moaned round the dwellings of men
Forsaken and homeless the Prodigal Daughter
Crept back to the home of her girlhood again.
But they turned her away in the storm and the darkness
To the icy cold winds with their chill piercing breath
And the pitiless curses that followed her footsteps
Were fierce as the tempest and cruel as death

Parisina
(excerpt Lord Byron)

It is the hour when from the boughs
The nightingale's high note is heard
It is the sweet hour when lovers vows
Seem sweet in every whispered word
And gentle wind and waters near
Make music to the lonely ear
Each flower when the dews are wet
And in the sky the stars are met
And on the wave is deeper blue
An on the leaf a browned hue
An in the heaven that clear obscure
To softly dark and darkly pure
Which follows the decline of day
As twilight melts beneath the morn away

But it is not to list to the waterfall
That Parisina leaves her hall
And it is not to gaze on the heavenly light
That the lady walks in the shadow of the night
And if she sits in Este's bower
'tis not for the sake of its full blown flower
She listens – but not for the nightingale
Though her ear expects as soft a tale
There glides a step through foliage thick
And her cheeks grow pale, her heart beats quick
There whispers a voice through the rustling leaves
A moment more and they shall meet
'tis past her lover's at her feet.

Colledig – Colledig

"Cer," llawn ystyr oedd y gair ac allan i oerfel y noson
Cripiodd y gradures fach ifanc a llond ei gwedd o ofn,
Yr un hen stori drist ydoedd am gwymp a chywilydd menyw
Yn cael ei herlid gan dad o Gristion (?) am ddwyn anfri ar ei enw.
Lle'r oedd y cariad yr honnai iddo'i deimlo am y fechan landeg a dedwydd,
Wrth ei gyrru dan grynu i rewynt y nos gyda'i felltith yn hytrach na'i fendith?
Lle'r aethai swyn bysedd a gwefusau'r baban a'r holl gusanau melys,
Swyn y cogran pert a thuthian ei thraed bychain hoenus –
Ai diflannu y gwnaethai'r cwbwl? Ai o garreg y gwnaed calon y dyn
Pan yrrodd y lodes hon i'r nos a hithau ar ei phen ei hun?
Ymlaen ac ymlaen y brysiai, heb falio na gwybod i ble;
Yn benwan dan bwysau ei thristwch, yn wargrwm oherwydd ei gwarth,
"Colledig – colledig", llefai'n ysig, yr anobaith yn drysu ei phen,
Ac i lawr yn y dyfroedd tywyll oer, claddodd ei phechod a'i chywilydd diddiben.
Ai amau ydych na fydd y Duw Trugarog a'i ffyrdd cariadus lu
Yn tosturio wrth ei hanwybodaeth druenus gan ddysgu doethineb iddi?
Ydych yn amau na fydd yn ei chymryd ato yn ei holl Oleuni?
Meddyliwch, ddarllenydd, a allech chithau ei hel i'r nos i rynnu?

Lost – Lost

"Go," the word was full of meaning, and into the bitter night
Crept a shrinking childish creature, whose features were pale with fright,
It was the same sad old story of a woman's fall and shame,
Cast out by a Christian (?) father for disgracing his good name.
Where was the love he boasted he felt for his child so fair,
To send her shivering in the cold with a curse instead of a prayer?
Had the charm of baby fingers, baby lips with kisses sweet,
And the sound of baby lingo, the patter of little feet –
Had the charm I say all vanished, Was his heart quite made of stone,
When he sent this girlish woman out into the night alone?
Away and on, on she hurried, not knowing or caring where;
Stunned with the weight of her sorrow, bowed down with her shame and care,
"Lost – lost", hence the cry of passion, the despair which turned her brain,
And down in the cold dark waters, she buried her sin and shame,
Think you that the God of Mercy, whose ways are the ways of love
Will not pity her poor ignorance, and teach her wisdom above?
Do you doubt if he will take her to be with himself in Light,
Just think if you could, my reader, send her out into the night.

Tair Act

Yr Act 1af
    Ochneidio fel rhyw ffwrnais
    Dros ei ben a'i glustiau
    Cibddall yn ei edmygedd
    O fenig gwrthrych ei serchiadau
    Yn meddwl na fu erioed
    Lodes yr un fath â hon
    Yn dweud taw angel yw hi
    Gan ddisgwyl i ti gytuno'n union

Yr 2il Act
    Monni a dihoeni
    Yn brudd ac edifarhaol
    Yn holi am brisiau gwenwyn
    Iddo gymryd jioch angheuol
    Anwadal yw pob menyw
    Nid yw cariad ond yn dwyll
    Methiant yw priodas
    Fel argae sy'n methu sefyll.

Y 3edd Act
    Yn chwibanu'n siriol a llon
    Bob amser yn hapus a dedwydd
    Dawnsio, canu a chwerthin
    O'r bore tan ddiwedd y dydd
    Yn llawn pob rhyw hwyl a sbri
    Ar ganol corwynt tragywydd
    Dim sôn 'nawr am unrhyw wenwyn
    Wedi canfod lodes fach Newydd

Three Stages

Act 1st
Sighing like a furnace
Over ears in love
Blind in admiration
Of his lady's glove
Thinks no girl was ever
Quite so sweet as she
Tells you she's an angel
Expects you to agree

Act 2nd
Moping and repining
Gloomy and remorse
Asks the price of poison
Thinks he'll take a dose
Women are so fickle
Love is all a sham
Marriage is a failure
Like a broken dam

Act 3rd
Whistling blithe and cheerful
Always bright and gay
Dancing singing laughing
All the live-long day
Full of fun and frolic
Caught in a whirl
Thinks no more of poison
Found another girl.

Gweddïau Nas Hoffaf

Ni hoffaf glywed hwn'cw'n gweddïo
Hwn'cw sy'n rhoi benthyg ar ddau ddeg pump y cant
Am fod hynny, er gofid i mi, yn rhoddi yn ei dro
Y benthyciwr dan straen wrth dalu am fwyd a rhent.
Ac yn y llyfr mawr y dylem ei hidio i gyd,
Sy'n dweud bydd yr usurwr yn wyn ei fyd,
Mor sicr â bod gen i lygaid i'w ddarllen,
Ni ddywed yn unman "Codwch log ar ei ben".

Ni hoffaf glywed hwn'cw'n gweddïo
Am ryw awr yn plygu ar ei ddeulin,
Am y "gras i dreulio'n iawn bob diwrnod fel y delo"
Er gwybod bod ei gymydog heb unrhyw flawd o'r felin.
Gwell gen i ei weld yn mynd draw at y melinydd
I brynu bara i'w frawd anffodus,
A gweld ei blant yn cael bwyta eu gwala feunydd
Ac yn chwerthin dan fondo eu tŷ bach bregus.

Ni hoffaf glywed hwn'cw'n gweddïo
"Pob bendith ar y weddw sy'n galaru",
A byth yn ceisio ei chysuro,
"Os eith angen yn drech, dewch ataf i".
Mae clywed y weddi groch a hir yn atgas gennyf i
A offrymir dros gam pob plentyn amddifad,
Gan un sy'n ei weld yn cael ei sathru
Ac â'i wefusau yn unig yn dangos teimlad.

Ni hoffaf glywed hon'cw'n gweddïo
A'i llaw dan bwysau gemau a'i ffrog i gyd o sidan,

Gyda'i golchwraig drwy'r dydd yn gor'od sgwrio
A meiledi'n gofyn wedyn iddi weithio am "lai o arian".
Mae siaflach duwiol o'r fath yn atgas gennyf i,
A'u dwylo bach ymhlyg a'u hwynebau o mor dirion.
Codant eu "llygaid angylaidd" tua'r nefoedd fry
Cyn dwyn holl enillion prin y tlodion.

Ni hoffaf weddïau dienaid fel hyn
(Os ydw i'n anghywir, maddeued i mi);
Ni chodant ar aden unrhyw angel gwyn;
Colledig ydynt filltiroedd maith o'r nefoedd fry.

Prayers That I Don't Like

I don't like to hear him pray
Who loans at twenty-five per cent
For then I think the borrower may
Be pressed for food and rent
And in that book we all should heed,
Which says the lender shall be blest,
As sure as I have eyes to read,
It does not say "Take interest".

I do not like to hear him pray
On bended knee about an hour,
For "grace to spend aright the day"
Who knows his neighbour has no flour.
I'd rather see him go to mill
And buy the luckless brother bread,
And see his children eat their fill,
And laugh beneath their humble shed.

I do not like to hear him pray
"Let blessings on the widow be,"
Who never seeks her home to say,
"If want o'ertakes you ,come to me."
I hate the prayer so long and loud,
That's offered for the orphan's weal,
By him who sees him crushed by wrong,
And only with his lips doth feel.

I do not like to hear her pray
With jeweled hands and silkened dress,

Whose washer-woman toils all day,
And then is asked to "work for less",
Such pious shavers I despise.
With folded hands, a face demure,
They lift to heaven their "angel eyes",
Then steal the earnings of the poor.

I do not like such soulless prayers
(If wrong I hope to be forgiven);
No angel's wing them upwards bears;
They're lost a million miles from heaven.

Beddrodau Wedi'u Gwyngalchu

Gweddïodd y pregethwr mewn goslef brudd
Dros y lleidr yn ei gell fach ddiflas
A sôn am ei gosb fan hyn ar y ddaear
A'i hynt ddiderfyn yn Uffern atgas;
Ond am y lleidr eisteddai yn y côr ar y blaen
Fel y gallai gael ei weld a'i glywed –
Y Shylock a ddygodd oddi ar y tlodion heb obaith,
Ni ddywedwyd yr un gair gan y 'ffeirad.
Soniodd am y butain a'i phechodau di-ri'
A thynged hyll gwerthwyr gwirodydd
Gan ddweud os na roddid stop ar eu cynnydd
Byddai Uffern yn reit brin o lefydd;
Ond am y sglyfaeth sy 'di dwgyd y ddaear
Ac wedi colli gwaed eu holl frodyr
Gwenu wnaeth y Person gan daflu arnynt winc
Ac amdanynt bu ei dafod yn segur.
Arglwydd, helpa'r pregethwr a'r Eglwys,
Pan gyfyd yr haul boreol,
Gan ddiosg y fêl sydd wedi cuddio'r twyll
O lygaid lliaws y bobol.
Ac yna saif y pen lleidr yn y côr ar y blaen
A'r dyn â'r llaw goch a gwaedlyd
Ar ben eu hunain gefn dydd golau
Yng ngolwg y wlad ar ei hyd.

Whited Sepulchres

The preacher prayed in woeful tone
For a thief in the felon's cell,
And told of his punishment here on earth
And his endless days in hell;
But the thief that sat in the best front pew
That he might be seen and heard –
Of the Shylock thief of the hopeless poor,
The priest never uttered a word.
He told of the harlot steeped in sin
And the rumsellers' awful doom;
And said if they didn't cease to increase
Hell would run short of room;
But the pirates that have stolen the earth
And their brothers' blood have shed,
O, the parson smiled as he winked at them
And never a word he said.
Lord help the preacher and the Church,
When the morning sun shall rise,
And cast the veil that has hidden the sham
Away from the people's eyes.
And the big thief then, in the best front pew,
And the man with the blood-stained hand
Shall stand alone in the daylight clear
In sight of all the land.

The Dawn of a New Day

All hail the dawn of a new day breaking,
When a strong-armed nation shall take away
The weary burdens from backs that are aching
With maximum labour and minimum pay;
When no man is honoured who hoards his millions,
When no man feasts on another's toil,
And all poor suffering, striving billions
Shall share the riches of sun and soil.
There is gold for all in the earth's broad bosom,
There is food for all in the land's great store,
Enough is provided if rightly divided;
Let each man take what he needs – no more.
Shame on the miser with unused riches,
Who robs the toiler to swell his hoard,
Who beats down the wages of the digger of ditches
And steals the bread from the poor man's board.
Shame on the owner of mines whose cruel
And selfish measures have brought him wealth,
While the ragged wretches who dig his fuel
He has robbed of comfort and hope and health,
Shame on the ruler who rides in his carriage
Bought with the labour of half-paid men –
Men who are shut out of home and marriage,
And are herded like sheep in a hovel pen.
Let the clarion voice of the nation wake him
To broader vision and fairer play
Or let the hand of a just law shake him
Till his ill-gained dollars shall roll away.
Let no man dwell under a mountain of plunder,

Let no man suffer with want or cold;
We want right living, not mere alms-giving,
We want just dividing of labour and gold.

Ella Wheeler Wilcox

Y Morgais

Fe wnawn ni dalu'r ddyled, fy ngŵr, dywedodd hi
Gan wrido wrth ddefnyddio'r gair (a hwythe newydd briodi).
Gwnawn ni ymaflyd â'r morgais a'i guro, 'ngwraig, f'anwylyd,
Gwenodd wrth ddweud y gair oedd yn goron ar ei fywyd.
Ie wir, byddwn ni'n dau sy'n hoff o bob rhyw swyn
Yn siŵr o adennill ein fferm ni ar y bryn.
Ymaflai â'r morgais o'r wawr ben bore
Wrth hofio ymysg t'wysenni'r ŷd yn y caeau
Ac ar ganol dydd o frath mwg y tân yn chwyrlïo
Deuai sŵn coed yn cwympo a'r fwyell yn taro,
A liw nos ar bob llaw yr oedd
Tanau barugog yn llosgi wrth glirio'r tiroedd
Yn gweithio ymlaen gan sôn yn aml
Am eu celc yn yr hen gist long a hynny'n ddigon gwamal
Lle byddai'r llog cudd yn cael ei ddal,
Ond mae morgais yn tyfu pan fydd cnydau'n sychu'n arw
Ac mae morgais yn byw pan fydd gwartheg yn marw
Ac yn ffynnu pan fo'r storm sy'n hyrddio
Yn torri'r gangen flodeuog gyda chenllysg sy'n rhwygo,
A byddai un tymor gwael yn creu mwy o strach
Na dwsinau o rai da i'r fferm fynydd fach.
Felly gwasgai'r morgais yn fwyfwy bob tro
Gan fynd ag ebol yr hen gaseg a bustach y fuwch odro
Gan ddwyn oddi ar y wraig ei cherddediad gosgeiddig
A rhychio wyneb y gŵr a hynny'n drybeilig.
Llyncwyd gwerth yr ŷd a gwerth eu gwin
Gan y llog a'i ofynion lu diderfyn
Fel y planhigyn erchyll hwnnw nad yw'n ffynnu
Ond ar gnawd fe effeithiodd ar blant y teulu

Gan eu dal nhw hefyd yn ei law fel feis
Yn daeogion di-rym gwlad y morgais.
Gorfu i'r genod odro ar y stôl
Tra oedd plant eraill yn dal yn yr ysgol
Ac aeth eu hunig fab ymhell bell ymaith,
Meysydd aur llwm y gogledd oedd pen draw ei daith,
Oherwydd meddai, "Mi weithioch nes heneiddio
A phrynu aur ag aur sy raid bob tro;
Gadewch i mi gychwyn ar y llwybr gogleddol
Mi ddo i â phris y morgais yn ôl."
Cipolwg a gawson nhw o'r esgair bellaf
O geffylau awchus a hogyn eiddgar,
Gweld ceffyl cyfrwy'n plymio a phwnfarch yn rhusio
Pan gododd ei het wrth iddo ffarwelio.
Roedd wedi mynd, do, wedi mynd i le'r aiff y colledig rai
Ni welon nhw e byth eto, byth yn gwybod ai'r
Mynyddoedd a'i cuddiai neu ryw lifogydd
Oedd wedi lapio'i esgyrn mewn llaid a phridd.
Blinder yr aros, blinder yr arswyd
"Swn i 'mond yn gwybod bod fy mab wedi mynd o'r byd,"
A nes ymlaen: "Pe buasai 'mond wedi trengi
Yma yn ein cartref yng ngŵydd ei annwyl fami."
I be mae llusgo drwy stori sydd mor ddiflas?
Drwy'r holl waith diddiwedd a'r arwerthiant atgas
Ymladdon eu brwydr hyd at fachlud yr haul
Nes i'r morgais ennill a hwythe gael ail.

The Mortgage

We will pay the debt husband she said
And blushed at the name (they were newly wed).
We'll fight the mortgage and beat it wife,
He smiled at the word that crowned his life,
Yes, you and I with love for a charm
Will surely win back our hillside farm.
He fought the mortgage from dewy morn
With the hoes among the tasseled corn
And at noon from out the pungent smoke
Came crashing tree and the axe's stroke
And deep in the night on every hand
Blazed their frost fires to clear the land.
Working along with many a jest?
At their savings in the old ship's chest
Where they hid away the interest
But a mortgage grows when crops are dry
And a mortgage lives when cattle die,
And it flourishes when the bitter gale
Cuts the blossomed bough with slanting hail
And one bad season would do more harm
Than dozens good for the hillside farm;
So the mortgage ground them year by year,
Took the old mare's foal and the milker's steer,
Stole from the matron's step it's grace
An scored its lines on her husband's face.
The corn they grew and the wine they pressed
Were swallowed up by the interest
Like that gruesome plant that only thrives
On flesh it reached their children's lives

And held them too in its cramping hand;
He powerless serfs of the mortgage land,
It forced the girls to the milking stool
when other children were still at school
and their only son went out afar
to the northern scrubs where the goldfields are,
for he said "You toiled and now are old
and gold must ever be bought with gold;
Let me then start on the northern track,
I'll bring the price of the mortgage back.
From the farther ridge a glimpse they had
Of mettled horses and an eager lad,
Saw saddle hack plunge and pack horse shy
When he waved his hat in a last goodbye.
He was gone, aye, gone where lost men go.
They would see him never; never know
If the ranges hid or the taunt flood
Had wrapped his bones in mangrove mud,
The weary waiting the weary dread,
If I but knew that my son were dead
And later had he only died
Here in our home by his mother's side.
What need to follow the dreary tale?
Through dragging work to the clearing sales
They fought their fight to the setting sun
And when old age grasped them, the mortgage won.

Gweddi y Ragrithiwr

Genau
Tydi, wrandäwr gweddi,
Erglyw a gwrando'n cri,
A bydd drugarog wrthym,
A phaid â'n gwrthod ni;
Yr ydym oll wrth natur
Yn bechaduriaid mawr,
Ac eto yn dymuno
Dy heddwch di yn awr.

Cydwybod
Taw, taw, nid yw ei heddwch
Ef yn dy olwg di
O unrhyw bwys a phryder,
Os gelli ennill bri;
Am edifeirwch hefyd,
Nis gwyddost ddim beth yw, –
Diogelu dy euogrwydd
Yw'th amcan di wrth fyw.

Genau
Yr ydym yn cyfaddef
Mai pechaduriaid mawr
Yr ydym oll wrth natur,
Am hynny maddeu'n nawr;
Nid oes un haeddiant ynom,
Yn bryfaid gwael di-nod,
Yn rhwym o gael ein cynnal
Gan rhyw Anfeidrol Fod.

Cydwybod
Yr hun a gyfaddefo
Ei bechod, ffiaidd cas,
Ac a'i gadawa hefyd
Gaiff brofi'r nefol ras;
Nid yw mynychu'r moddion,
A phlygu gerbron Duw,
A'r galon yn rhagrithiol
Yn cadw neb yn fyw.

Genau
Yr ydwyt ti yn gwybod
Yn well amdanom ni;
Nis gallwn ni ein hunain,
Amdanom Iesu cu –
Adnabod ein meddyliau,
A'n hymddygiadau ffôl;
Ac felly Iesu annwyl,
O! derbyn ni'n dy gôl

Cydwybod
Os yw ein calon galed
Yn ein condemnio ni,
Yn llawer mwy na'n calon
Yw Duw, ein cyfaill cu:
Mae'n hawdd i enau llithrig,
I siarad yn nhŷ Dduw,
Ac ymddwyn yn rhagrithiol
At gyfaill wrth gyd-fyw.

Genau

Oherwydd fath sefyllfa,
Llygredig mae y byd,
Yn ddwys yr ŷm yn teimlo
Mewn pryder bron o hyd;
Ac O! na ddygid dynion
I adael chwantau gau,
A chanlyn Crist ein Ceidwad,
Yn ffyddlawn i barhau.

Cydwybod

Pa bechod sydd mor erchyll,
Mor ffïaidd ac mor gas
Na rhagrith rhyw broffeswr
O ddiacon di-ras;
Dylanwad ymarferiad
O fyned i dŷ Dduw,
Ond adref yn y teulu,
Y diafol gwaethaf o'i ryw.

The Hypocrite's Prayer

The Mouth
O thou who listens to our prayer
Hearken to our cry to thee,
And your mercy to us show,
And do not now reject our plea;
We are by nature one and all
Abject sinners who are now
Desirous that thou shall
On us thy peace bestow.

The Conscience
Be silent, be quiet, for in your mind
His peace is hardly a matter
Of great concern of any kind,
If you wish to gain prestige and power;
Neither do you really know
The meaning of remorse, –
Life's single prime objective
Is your protection from guilt, of course.

The Mouth
We admit quite freely
That we are nevertheless
All great sinners innately,
For that we ask forgiveness;
There is nothing in us deserving,
We are but abject and insignificant creatures
With some Infinite Being
Obliged always to uphold us.

The Conscience
He who can admit
His dreadful sin and disgrace,
And who leaves it far behind
May experience heavenly grace;
Attending a religious service,
And bowing before the Almighty,
With a hypocritical heart,
Will not sustain life in thee.

The Mouth
Thou knowest all about us,
All our inward thoughts,
Our foolish deeds
And foolish acts,
Better than we, sweet Jesus –
And so in your loving grace,
Dear beloved Jesus
Hold us in your embrace.

The Conscience
If our own hard heart
Has us condemned,
Much larger than our heart
Is God, our dearest friend:
It's easy to utter slippery words
When to God's house you come,
And behave hypocritically
Towards a friend who shares your home.

The Mouth
Because life is such,
The world is corrupt always,
Deep anxiety plagues us
Almost all our waking days;
And oh, that men might be brought
Their vain desires to deplore,
And follow Christ our Saviour,
Faithfully forever more.

The Conscience
What sin is so terrible,
So disgusting and hateful,
As the hypocrisy of some
Deacon, so false and so vile;
He makes a habit of attending
Worship in God's house,
But at home with his family
Is a true devil or worse.

Y Sached o Flawd

Yn euog, mister barnwr, fi wnaeth ei dwyn hi –
Yn dawel bach es i â sached o flawd;
Bydden i wedi cyrraedd drws y tŷ
Ond cael 'nala funud ola' oedd fy ffawd,
Ond gwydde'r plismon ar y tyle
Na allen i dalu'r un ddime;
Yn gwybod cystal â fi
bod 'da fi ddim at ei phrynu.

"Larceny" oedd gair mawr y Gyfraith;
Does yr un drosedd sydd heb ei bedyddio;
Ond tybed yw'r Gyfraith wedi clywed y ffaith
Mai rhywun 'blaw'r lleidr sydd i'w feio?
Ac a wnaeth y plismon ar y tyle ddywedyd
Fod olwynion masnach yn segur hollol?
A phan fydd y gwaith yn llac neu heb fywyd,
Rhaid i'r wraig a'r plentyn fynd yn wacbol?

Yn euog, mistar barnwr – taled i'r Gyfraith ei dyled,
Ond pe bai 'da chi blant, rhyw bedwar, pum cyw
Mor bert ag y crëwyd gan Dduw erioed,
A hwythe heb luniaeth i'w cadw'n fyw
A chithe heb y modd ond gyda'r awydd
I dawelu pob newynog gri
A gweld yno'r holl doreth o fwydydd –
Dywedwch, myn Duw, be wnaethech chi?

Pe bai gynnoch chi wraig a'i chalon
Ers blynydde wedi porthi eich calon chithe,

Ac wedi aros o hyd i'ch gobeithion yn hollol ffyddlon
A heb gerdded ymaith rhag eich trallodion ac ofne,
Ac yn ei mynwes driw bod bywyd bach wedi tyfu
A hwnnw'n rhan ohonoch chi
A bod newyn yn eu dryllio drwyddi draw,
Myn Duw, dywedwch wrtha i, be wnaethech chi'n awr?

The Sack of Flour

Guilty judge, and I own the crime –
I slipped away with a sack of flour,
They nabbed me just in the nick of time –
I'd have had it home in half an hour,
Only the constable on the hill
Knew that I must have jumped the bill;
Knew as well as he could that I
Hadn't the money with which to buy.

"Larceny" that's the proper word;
There's never a crime but Law can name;
Only I wonder if Law has heard
That anyone but the thief is to blame?
Say did the constable on the hill
Tell you that the wheels of trade were still?
Tell you when work was dull or dead,
The wife and the child must go unfed?

Guilty, judge – let the law be paid;
But if you had children four or five,
As pretty as God has ever made,
And lacked the food to keep them alive,
Lacked the method but not the will,
Their cries of hunger to stop and still
And there saw oceans of food in view –
For God's sake tell me, what would you do?

Say, if you had a wife whose heart
Had fed your own for a score of years,

    And never a moment walked apart
    From all your griefs and hopes and fears,
    And now in that faithful bosom had grown
    A little life that was part your own,
And hunger harrowed them through and through,
    For god's sake tell me, what would you do?

Cywilydd Dychwelyd

A chithau â'ch bryd ar wneud eich ffortiwn ac wedyn heb gyrchu'r nod
A dim bai ar neb am y methiant sydd bellach wedi dyfod –
Pan nad oes gennych do uwch eich pen a'r amserau'n ddigon dioglyd?
Does dim yn gwanio dyn yn waeth na'r cywilydd o ddychwelyd;
Yn cropian adre gyda phocedi gwag heb ynddynt ddimai goch;
O dyna pryd y dysgwch wir ystyr y gwarth sydd arnoch.
Pan mai diarth yw'r lle a brwydr unig yw'ch trallod,
A mawr yw'r hiraeth arnoch am y dref sydd yn eich nabod;
Pan mai di-raen yw'ch dillad a'r dyfodol yn bur enbyd,
Does dim byd all eich brifo'n waeth na'r cywilydd o ddychwelyd.

Ac wedi brwydro'n wrol a chael ein curo'n ôl i'r wal,
Crechwenau'r lliaws, nid cydwybod, a'n try'n gachgwn sâl,
A thra byddwch yn teithio adre, bydd eich pen mewn twll difrifol
A'ch calon dan y cysgod du o'r gwarth o fynd yn ôl.
Pan ddarganfyddir dyn a drechwyd gyda bwled yn ei ben,
Bydd trengholiad sy'n dyfarnu nad oedd y cr'adur yn llawn llathen;
Ond yn aml bydd yn digwydd iddo'n ddiweddar golli swydd
A'i fod wedi symud ymlaen rhag mynd yn ôl mewn cywilydd.
O, twt lol meddech chi, a glaswen ar eich gwefus;
Gallaf weld eich bod heb ymlafnio drwy'r hen fyd hyll trafferthus;
Ond pan fydd y rhod yn troi a daw i lawio'n uffernol,
Mi ddysgwch ystyr chwerw'r cywilydd o fynd yn ôl;
Mynd adre gyda phocedi gwag heb ynddynt ddimai goch;
O, mi flaswch wenwyn chwerw y gwarth a welir arnoch.

The Shame of Going Back

When you've come to make a fortune, and you haven't made your salt,
And the reason of your failure isn't anybody's fault –
When you haven't got a billet and the times are very slack,
There is nothing that can spur you like the shame of going back;
Crawling home with empty pockets, going back hard up;
O it's then you learn the meaning of humiliation's cup.
When the place and you are strangers, and you struggle all alone,
And you have a mighty longing for the town where you are known;
When your clothes are very shabby and your future's very black,
There is nothing that can hurt you like the shame of going back.

When we've fought the battle bravely and are beaten to the wall,
Tis the sneers of men, not conscience, that makes cowards of us all;
And the while you are returning, oh, your brain is on the rack
And your heart is on the shadow of the shame of going back.
When a beaten man's discovered with a bullet in his brain,
They post-mortem him and try him and they say he was insane;
But it very often happens that he'd lately got the "sack"
And his onward move was owing to the shame of going back.
Ah, my friends, you call it nonsense, and your upper lip is curled;
I can see that you have never worked your passage through the world;
But when fortune rounds upon you, and the rain is on the track,
You will learn the bitter meaning of the shame of going back;
Going home with empty pockets, going home hard up;
Oh. You'll taste the bitter poison of humiliation's cup.

Harry Lawson

Beddargraffiadau

I'th ddilyn anfodlon ydw i
Nes gwybod i ba ffordd yr est i.

Corff Arabella Young sy'n gorwedd isod,
Glamai dechreuodd roi taw ar ei thafod.

Yma gorwedd dyn na wnaeth fawr o les
A phe bai wedi byw yr un fyddai'r hanes;
Lle'n union mae ac i ble mae'n cwympo
Ni ŵyr neb a neb chwaith yn malio;

Yma mae'n gorwedd William T Lloyd,
Yr hwn a fu farw o eisiau cael bwyd.

F'annwyl ŵr, paid ag wylo, dw i'n erfyn,
Nid yn farw wyf ond yn cysgu fan hyn;
Mawr yw'th golled ond ei goddef mae'n rhaid,
Nes yn y nefoedd cawn aduno ein dau enaid.

Yn dlawd bûm yn byw ac yn dlawd fe'm claddwyd,
A thros y bedd hwn prin deigryn a gollwyd.

Yma gorwedd William Smith a rhyfedd o beth yw nodi
Mai yn y plwyf yma, fe'i ganed, ei fagu a'i grogi.

Epitaphs on Tombstones

To follow you I'm not content
Until I know which way you went.

Here lies the body of Arabella Young
On the first of May began to hold her tongue.

Here lies a man who did no good
And if he lived he never would;
Where he is and how he falls
Nobody knows nor nobody cares.

Here lies William T Lloyd
Who, for lack of food, died.

Weep not for me my husband dear,
I am not dead but sleeping here;
Your loss is great but must remain
Till we in heaven do meet again.

I poorly lived and poorly died
And where I was buried, nobody cried.

Here lies William Smith and what is something rarish,
He was born bred and died and hanged in this parish

Dameg

Meddai'r Arglwydd Grist, mi af i
I weld sut mae'r dynion, fy mrodyr, yn credu yndda i.
Ddaeth e ddim yr eildro drwy borth genedigaeth
Ond ei wneud ei hun yn hysbys i blant y greadigaeth;
Yna meddai pob archoffeiriad, brenin a llywodraethwr byd,
Atolwg nawr yr hwn sy'n rhoi'r cwbwl i gyd,
Dewch! Gadewch i ni groesawu'n rhwysgfawr ogoneddus
Yr unig un sydd wir yn fawr ac yn bwerus;
Ac ar draws y llawr lle bynnag y gallai Mab Dyn droedio
Taenasant garpedi a'r rheini ag aur wedi'u brodio
Ac yn ystafelloedd y palasau mor uchel a dethol
Cafodd ganddynt lety ac ambell wledd ryfeddol.
Drwy fwâu tywyll deuai sŵn organau mawr
Yn rhyferthwy llawen er clod i Frenin nef a llawr,
Ac mewn eglwys a phalas a llysoedd barn di-ri'
Fe welodd ei ddelwedd yntau wedi'i gosod yn uchel fry,
Ond pryd bynnag y byddent yn arwain ei gam
Mewn tristwch plygai'r Arglwydd yn bengam
Ac oddi tan sylfeini trymion
Gan hollti'r mur naddodd hafnau dyfnion
A agorai'n lletach ac yn lletach byth eto
Wrth i'r sylfaen byw ymgodi dan ochneidio.
A ydych wedi sefydlu'ch gorseddau a'ch allorau
Ar ddynion byw, eu cyrff nhw a'u heneidiau?
Ac yn meddwl y bydd adeilad yn para o hyd
Sy'n noddfa i'r cyfoethog wrth wasgu tlodion y byd
Gyda giatiau arian a barrau aur ar y cyfryw adeilad
Rydych wedi ffensio fy nefaid draw o gorlan fy Nhad.
Do, mi glywais sŵn eu dagrau

Yn y nef dros ddeunaw cant o flynydde.
O Dduw ein Harglwydd, nid ni sydd ar fai;
Adeiladasom fel yr adeiladai ein tadau.
Atolwg dy ddelweddau, sut y safant mor sad
Yn sofran ac unig ym mhob cwr o'r wlad;
Anodd yw ein tasg gyda chleddyf a thân
I ddal dy ddaear am byth yr un fath
A chyda ffyn dur miniog i gadw'n ddidrafael
Dy ddefaid fel y gwnaethost ti eu gadael.
Yna chwiliodd Crist am grefftwr,
Corrach gwargrwm hagr o ŵr
A merch heb fam y bu â'i bysedd tenau mân
Yn gwthio pob angen a phechod ymaith yn wantan,
Y rhain a osododd ef yn eu mysg
A thynnon nhw'n ôl godre eu gwisg
Rhag eu halogi. Wele, medd yntau,
Y delweddau ohonof rydych wedi'u creu.

A Parable

Said Christ our Lord, I'll go and see
How the men my brethren believe in me.
He passed not again through the gate of birth
But made himself known to the children of earth,
Then said the chief priests and rulers and kings,
Behold now the giver of all tings
Go to let us welcome in pomp and state
Him who alone is mighty and great.
With carpets of gold the ground they spread
Wherever the Son of Man may tread
And in palace chambers lofty and rare
They lodged him and served him with kingly fare;
Great organs surged through arches dim
Their jubilant floods in praise of him
And in church and palace and judgement hall
He saw his image high over all,
But still whenever his steps they led
The Lord in sorrow bent down his head,
And from under heavy foundation stones
He marked great fissures that rent the wall
And opened wide and yet more wide
As the living foundation heaved and sighed:
Have ye founded your thrones and altars then
On the bodies and souls of living men?
And think that building shall endure
Which shelters the noble and crushes the poor
With gates of silver and bars of gold
Ye have fenced my sheep from my father's fold,
I have heard the dropping of their tears

In heaven these eighteen hundred years.
O Lord and Master not ours the guilt,
We built but as our fathers built
Behold thine images how they stand
Sovereign and sole through all the land;
Our task is hard with sword and flame
To hold thy earth forever the same
And with sharp crooks of steel to keep
Still as thou leftist them thy sheep.
Then Christ sought out an artisan,
A low-bowed stunted haggard man
And a motherless girl whose fingers thin
Pushed from her faintly want and sin.
These set he in midst of them
And they drew back their garment hem
For fear of defilement. Lo, here said he
The images ye have made of me.

Y Criw Brith

Ar waelod Pwll Treharris mae yna hen griw digon brith
Gyda rhai fel hyn a rhai fel llall a rhai'n driphlith draphlith.
Honna un ei fod yn Rad na wnaiff symud yr un fodfedd,
Sosialydd yw un arall sy'n dadlau'n ddiddiwedd;
Mae rhai'n ifainc a rhai'n hen a rhai'n styfnig hefyd,
So'n nhw moyn yr hyn na'r llall 'blaw eu barn fach nhw o hyd.
Mae un yn eitha cybydd yn dala'n dynn ar ei logell arian,
Mae un arall yn gwario pob swllt er mwyn y "Glarion Van",
Gweriniaethwr yw un arall a'i farn yn fanwl gywir
Sydd am weld diwedd ar bob brenin a chwalu'r cwbwl yn llwyr.
Yn wir, maent yn dipyn o ryfeddod wrth sôn am wleidyddiaeth y wlad;
Fe ddadleuant ymysg ei gilydd nes cyrraedd ffordd bengaead
Ond pan mai crefydd sydd dani, wel dyna'r amser pryd
Y caiff ei chymysgu â gwleidyddiaeth yn gawlach oll ynghyd.
Mae un dyn yn Fethodus ac ar dân dros yr eglwys hon,
Un arall nad yw'n credu ond mewn wisgi o Iwerddon,
Eglwyswr yw un arall ac yn sefyll drosti'n gadarn
Ac mae eto ryw foi a ddymuna wynt teg ar ôl y cyfan.
Pan fydd y pwll yn segur ac yn llac am sbelan fach
Fe ddôn nhw at ei gilydd i ddadlau a neb yn gallach;
Maent wedi ceisio datrys pob cwestiwn, a wir i chi
Fe wnânt gnoi cil nes gwawria'r dydd a phob dadl wedi'i sbydu.
Pa bryd y cânt setlo'r cwbwl? Wel, pwy sy'n gallu dweud,
Ond beth sy'n dda, os eith hi'n ffradach, ni chollir unrhyw waed;
Felly boed i bob un fod yn onest a gwneud ei orau glas
Tra bydd yma i wella byd y coliar wrth weithio ar y ffas.

A Curious Lot

At the bottom of Treharris pit they are a curious lot,
Some are this and some are that and some I know not what;
One professes to be a Rad and will not move an inch,
Another is a Socialist who can't agree with pinch.
Some are old and some are young and some are stubborn too
They won't have this, they won't have that but their own pigheaded view.
One is rather miserly and scrapes up all he can,
Another spends his money for the sake of "Glarion Van",
One is a Republican and his view is just so;
He'd like to rid the Royal lot and smash the blooming show.
Indeed they are a wondrous lot when they speak politics
They'll argue with each other till they're landed in a fix,
But when religion is the point 'tis time to turn the screw,
They'll mix it up with politics and make an Irish stew.
One man is a Methodist and upholds it rather frisky,
Another believes in nothing else but good old Irish whiskey;
Another is a Churchman and defends it extra strong,
Another wishes the blessed lot were shipped off to Hong Kong.
Whenever the pit is idle with a minute or two to spare
They'll get together and argue each other, till they "dunno where ye are".
They've tried to have questions settled, 'tis proved beyond a doubt,
They'll talk it over when the day comes in and argue each other out.
When will they settle the questions no one ever knows,
But the best of it all, if it's bitter as gall, it never comes to blows.
So may each of them be honest and do the best they can,
While in this spot, to better the lot, of the poor hard-working man.

Y Blaid Sosialaidd

Bonllefau un dau tri i'r Blaid Sosialaidd sy'n ymladd i'r eitha yn y frwydr,
Y blaid sy'n ymladd dros hawliau cyfartal ac yn gyfaill triw i'r holl weithiwyr.
Bu ei harwyr yn brwydro dros gyfiawnder ar ganol sawl ergyd stormus,
Grym y cyfoethog a thactegau slei bach a nerth Cyfalafiaeth drachwantus.
Dyw'r pleidiau Rhyddfrydol a'r Torïaid yn nemawr ddim ond sioe,
Prin y gwyddom p'un sydd heddiw wrth y llyw na ph'un oedd wrtho ddoe.
Nid ein cyflog sydd yn y fantol iddynt na dim byd arall sy'n eiddo i ni,
Safant dros rym y Cyfalafwyr a 'sdim ots 'da nhw os byddwn ni'n llwgu.
Bonllefau un dau tri dros Sosialaeth, yr achos a fydd yn rhoi i ni ryddid
Rhag bytheiaid cyfoeth ac iechyd gwael a gafael ein caledfyd enbyd.
Felly i'r gad nes bydd cyfiawnder a rhyddid ar gael
I waredu'r ddaear o bob llafur uffern a'i throi'n fwy o baradwys ddidrafael.
Felly sefwch gyda'ch gilydd fechgyn ac ymladd y frwydr i'r pen draw
Nes bod pawb yn cael byw'n ddiogel a'r gweithiwr ei haeddiant maes o law.

The Socialist Party

Three cheers for the Socialist party, the party that fights till the end,
The party that fights for equal rights and is the true workman's friend.
Its heroes have battled for justice midst many a blasting storm
Of the power of wealth, and cunning stealth, and the strong Capitalism.
The Liberal and Tory parties are nothing more than a show,
When the one is in, or the other out we are hardly in the know.
It isn't the wages we get, or anything else we may have,
They represent the Capitalists' power and care not if we starve.
Three cheers for the Socialist cause, the cause that will set us free
From the bonds of wealth, and poor health and from the clutches of misery.
So may the battle rage till justice and freedom is given
To rid the earth of the work of hell, and make it more like heaven.
So stand with each other, lads, and fight the battle through
Till security of living is given to all and the worker gets his due.

Oriog

Mi gerais unwaith y lodes hardda'
  Pan o'n i'n ifanc ac yn ffôl,
Roedd fy mhen o hyd mewn chwalfa
  Pan fyddai ei hwyl yn troi'n iasol.
Dywedodd ei bod yn fy ngharu, do –
  A byddai byth bythoedd yn driw i mi;
Fe roes hi fi mewn coblyn o bicil
  A hithau heb fod yn driw, weli di?
Canwn "deil ei gwên deg i'm canlyn"
  O, mi ganwn y gân 'na bob dydd
Ond fe'm gadawodd o'i gwirfodd ei hun,
Felly ches i mo 'nghanlyn dragywydd.
Dywedais mai anwadal yw'r merched
  A bod cariad yn dipyn o hoced,
  Rhwyd hyll oedd glân briodas
  I faglu rhyw ddyn bach diniwed.
Rwy newydd droi'n chwech ar hugain
Ond dw i ddim mor llywaeth â bues
Pan laniais yng nghanol holl helbul
Caru angel dwy ar bymtheg o lodes.
Mae fy marn ar briodas wedi newid
Dwi'n gaeth i ryw angerdd anniwall;
  Nid hoced yw cariad, mi daeraf,
  Ar ôl canfod merch landeg arall.

Changeable

Once I loved a pretty girl
When I was young and silly
My brain was always in a whirl
When I thought she was chilly.
She told me how she loved me, yes,
She'd ever be true to me,
She had me in a peculiar mess
For she wasn't true, do you see?
I'd sing "her bright smile haunts me still",
Oh, I'd always sing that song
But she did leave me at her will,
So it didn't haunt me long.
I said that women fickle were
And love was all a sham;
Marriage was an ugly net
To trap an innocent man.
My age is just now twenty six
But I ain't half so green
As when I landed in a fix
With little sweet seventeen.
My views are changed on marriage now
I'm caught in passion's twirl;
Love is not a sham, I vow,
I've got another girl.

Y Clerwyr

Tri dyn sy'n hanu o'n pentre
I glera yr aethant mewn carfan
 Yn gyntaf i dre Caerdydd
 Cyn croesi sianel Môr Hafren.
 Wiliam oedd enw un
 Ac enw'r llall oedd Dan,
 Y trydydd atebai i Bili,
 Roedd pob un ar y randi dan.
Roedd Wiliam yn berchen ar gornet,
 Gitâr oedd offeryn Dan,
Ffidlwr oedd Bili ac aeth y tri i ryw firi
 Nes teimlo'n hanner pan.
 I lawr wedyn i dre Taunton
 Ac yna ymlaen i Wellington,
 A dyma anfon eu miwsig adre
 Achos roedd y bobl eisiau mwy.
 Anfonodd Wiliam lythyr adre
 Ac wir roedd yn llythyr a hanner
Gyda'r dagrau'n syrthio rhwng pob llinell
 Gan orffen "dy gariadus lojer",
 Ei fod e erioed wedi crwydro'n ffôl,
 Gweud y gwir ni soniodd yntau;
 Rwy'n credu ei fod am ddod adre'n ôl
 Ac am ei bechodau edifarhau.
 Roedd y llythyr yn rhoi gwybodaeth
 Am eu bwriad i chwilio am jobyn
I weithio fel ffermwyr neu falle forthwylwyr
 Am goron neu hyd yn oed swlltyn.
 A nesa mi glywn fod y criw'n dod adre

Gan roi'r gorau i bechu neu drueni
Ac os smo fi'n camgymryd yn enbyd
Byddant oll yn cyrraedd yfory.

The Buskers

Three fellows from our village
A-busking they did go,
First they went to Cardiff town
They crossed the channel, Oh.
One fellow's name was William,
The other's name was Dan,
The other fellow was Billy,
They were all on the randy dan.
William had a cornet,
Dan had a nice guitar,
Billy had a fiddle and they got into a riddle
Till they dunno where they are;
They travelled down to Taunton,
Then to Wellington.
There they sent their music home
'Cause the people wanted more.
William sent a letter home
My word it was a stodger,
Tears had dropped between the lines,
Ends with "your loving lodger".
That he ever did commence to roam, in truth he did not comment,
I think he felt like coming home
And of his sins repent.
The letter gave information
They were going to look for a job,
They work as a farmer or use the hammer
For a tanner or a bob.
The next we'll hear they're coming home

No more to sin or sorrow
And if I'm not mistaken much,
They'll all arrive tomorrow.

Yr Hyn Nas Credaf

NI CHREDAF mai Duw sy'n gyrru dioddefaint i'r byd,
Gan mai ynom ni'n hunain y genir y boen a'r tristwch i gyd.
O ddrwgweithredu daw poen, ar ôl pechod rhaid difaru
Ac yn sgil y bechod heddiw fe ddioddefwn ni yfory.
Ni chredaf mewn crefydd sydd o blaid y balch a'r cyfoethogion,
Sy'n casáu'r gweithwr cyffredin fel un o 'dorf' y tlodion.
Ni chredaf yn y weddi sy'n gwenieithu Duw o bell
Eithr yng ngweddi'r weithred ddaionus sy'n newid y byd er gwell.
Ni chredaf y ceir achubiaeth drwy gred syml ym Mab Duw.
Wrth y dyn a wna Ei ewyllys ar y ddaear, bydd yr Iôr yn dweud "da ydyw".
Mae'r dyn sy'n ceisio trechu dioddefaint pobl neu'i leddfu
Er nad yw fel 'tai'n sylwi, does bosib nad yw'n credu.
A'r dyn a honna ffydd yng Nghrist ond sydd heb godi bys i helpu neb
Er pob honiad, nid yw'n credu a dyma yw ei ffolineb.
Ac ni chredaf fod neb yn golledig, drwy anghrediniaeth onest,
Mae gonestrwydd yn rhoi i ni hapusrwydd a dyna yw ei orchest.
Wedi'i achub y mae rhywun sy'n caru'i gymydog yn angerddol,
Ei gydwybod sy'n profi hyn, 'does arno ddim ofn y Diafol.
Ni chredaf mewn gweddïo dros friwiau'r plentyn amddifad
Os nad, o weld ei ofid, aiff y llaw i mewn i'r boced.
Ofer yw gweddïo i frawd gael porthiant da a dillad –
Achos mai'r gwir amdani yw "Marw yw ffydd heb weithred."

What I Don't Believe

I DO NOT BELIEVE THAT God sends suffering to this earth,
All sorrow and all pain in us did have its birth.
Wrongdoing brings us pain, after sin comes sorrow,
The sin we commit today we'll suffer for tomorrow.
I do not believe in religion that favours the rich and proud,
And despises the poor hardworking man, because he is one of the "crowd".
I do not believe in the prayer that flatters the God of heaven
But in the prayer of good deeds, that make good use of the leaven.
I do not believe a person is saved, through a simple belief in the Son.
To the man that does His will on earth, the Lord will say "well done".
The man that tries the people to save their sufferings to relieve,
Although he doesn't seem to know, surely he does believe.
And the man that professes faith in Christ, but the practical part doesn't show
Although he professes, he doesn't believe, and that he ought to know.
I do not believe a person is lost, through honest unbelief,
Honesty gives us happiness and never comes to grief.
He is in a state of salvation that loves his neighbour well,
His conscience is a proof of this, he has no fear of hell.
I do not believe in praying for the orphan's weal
While to relieve his dire distress our pockets do not feel.
To pray a brother to be clothed, and of good food be fed –
Is of no avail, for true it is, "Faith without works is dead."

Y Cload Allan yn Ne Cymru 1898

Cryf a llachar yw haul yr haf
A chân yr adar yn llon.
Mae'r blodau'n bwrw eu persawr braf
A'r ŵyn bach yn chwarae'n fodlon.

Mae Natur mor bur a gwenog
Ar draws pob cwm a'r bryniau lu,
Ond cwrddwn bob dydd â'r newynog
A hynny yn harddwch de Cymru.

Mae'r adar pert sy'n hedfan fry
A'r gwartheg draw ar y ffridd
Wedi'u lapio'n glyd ac yn bwyta eu gwala bob dydd
O'r cynnyrch sy'n dyfod o'r pridd.
Tra bo dyn – "brenin yr holl ddaear"
A grëwyd gan Dduw ar ei ddelwedd ei hun
Wedi'i amddifadu o'i hawl i'r tir
A phethau sylfaenol fel hyn.

Mae'r ffermwr yn medi'r ŷd
O fore gwyn tan nos
Ac yn nhes yr hafddydd hefyd
Yn cneifio'r defaid o'u holl gnuoedd diddos,
Ond bydd y glöwr nychlyd yn cael ei gneifio
Pan fydd heth y gaeaf ar ei waethaf,
A hefyd pan fydd haul yr haf yn taro
A'i belydrau ar eu poethaf.

Poena ei feistr yn fwy am ei gi

Nag y gwna am ei gyd-ddyn,
Gan ei flingo hyd eitha ei allu
A'i drin yn waeth na'r un mochyn.
Os bydd y glöwr yn magu ei blwc
Gan ofyn am ychydig o flaendal,
Bydd ei feistr yn ei sathru i'r ddaear
Gan nad oes neb a all ei atal.

Cyfalaf yw'r ŵydd, medden nhw,
Sy'n dodwy'r holl wyau aur,
A fiw i'r gweithiwr ei lladd hi
Neu caiff ei ferwi'n fyw yn y pair.
Ond llafur yw'r hen ŵydd wirion
Sy'n dodwy'r wyau, welwch chi,
A chyfalafwyr yw'r gwir ladron
Sy'n dwgyd oddi arnat ti a fi.

Duw a helpo'r coliars yn y frwydr
I ennill cyflog byw pob un,
I gynnal eu gwragedd a'u plant
Ac ambell swllt pan fyddant yn hŷn.
Gadewch iddynt ffurfio undeb
A bod ar flaen yr amserau
A phan ddaw'r cyfle o'r diwedd
Cânt sosialeiddio'r pyllau.

The Lockout in South Wales 1898

The summer sun shines strong and bright
The birds sing loud and gay.
The flowers cast their sweet perfume
The lambkins are at play.

Nature smiles so pure and sweet
Along the hills and dales,
But starving beings each day we meet
In picturesque South Wales.

The pretty birds that fly the air
And the cattle of the field,
Are warmly clad and daily fed
Of the food the earth doth yield,
While man the "king of all the earth",
The image of his God,
Has been deprived of all these things
And his right unto the clod.

The farmer gathers in the corn
Till dusk from early morn,
And in the heat of summer days
The fleecy flocks are shorn,
But the ill-fed miner is always shorn
In the cold of winter days,
As well as when the summer sun
Casts forth its heated rays.

His master cares more for his dog
Than for his brother man.

He treats him worse than he would a hog
And plunders him all he can.
If the miner gets his courage up
And asks for an advance,
His master grinds him to the ground
For he has always got the chance.

Capital is the goose they say
That lays the golden eggs,
And the worker must not kill it
Or they'll shoot him off his legs.
But labour is the silly goose
That lays the eggs d'ye see,
And capitalists the thieves that take
Them away from you and me.

God help the miners in this fight
To get a living wage,
To support his wife and children
And provide for his old age.
May they form a union
And keep up with the times
And when opportune time does come
To socialize the mines.

Atgofion Annwyl

Pan ddoi di draw i dreulio dydd –
Neu ddau yn nhes yr ha'
Ac yn ochr ein gilydd ymlwybrwn
Lan y bryn sydd draw fan'na.
Mor fuan daw atgofion am yr oes a fu
Yn ôl i'r meddwl rif y gwlith,
Gorfoledd yr amser pan oeddem yn blant
Ac weithiau y boen yn eu plith.
Ni ddywedwn ddim am y rhai melysaf,
Ni sonnir byth amdanynt
Hyd yn oed pan lethir y fron
Gyda golygfeydd o'r henfyd gynt.
Ond os yw lluniau'r cof o'r gwynfyd a fu
Yn gwefru curiad ein calonnau,
Mae golygfeydd tyner yr oes sydd ohoni
Yn felysach byth i ninnau.
Mae cariad brawd yn gryfach o hyd,
Mae cariad chwaer yn burach,
Mae 'nghariad innau'n gadarn ei fryd,
Mae dy gariad dithau'n sicrach.

Fond Memories

When you come o'er to spend a day
Or so, in summer weather
And we go strolling side by side
Up yonder hill together.
How soon the thoughts of days of old
Come back to us again,
Times of childhood's joy and bliss
And even times of pain.
Our sweetest thoughts are ne'er expressed
But always left untold.
E'en when sweet mem'ries heave our breasts
With scenes of days of old.
But if these scenes of life so sweet
Each others' heart do thrill,
The tender scenes of present time
Is sweeter, purer, still.
The brother's love is stronger still,
The sister's love is purer,
The love I have is strong at will,
The love you have is surer.

Wrth y Ffynnon

Wrth y ffynnon hwyrnos leuad,
 Y cydsafwn gyda Gwen,
Llewyrch Gwener – seren cariad,
 Dyner wenai yn y nen;
Yno 'nghanol dwfn tawelwch
 Y sibrydem iaith ein serch,
Ac yng ngŵydd y lleuad dirion
 Addunedais roi fy nghalon
 Iddi hi, f'anwylaf ferch.

Suo canig a wnâi'r awel,
 Canig lawn o hudol swyn,
Melys fel peroriaeth angel –
 Yn ysbrydol ac yn fwyn;
Fe gyffyrddai'r gân â thyner
 Ddirgel dant fy nghalon lon,
Ac yng ngwres f'anwyldeb serchog
 Rhois fy hun i'r fun ddihalog
 Oedd â'i delw yn fy mron.

Blodau'r hafddydd oedd yn huno,
 Ar eu gwyneb yr oedd gwên –
Fel pe byddent yn breuddwydio
 Am wynfydoedd Eden hen;
Hunent hwy – ond lili cariad
 Wrth fy ochr blygai'i phen;
Yn y nos ar fin y ffynnon
 Lle blodeuodd serch fy nghalon
 Dan wresogrwydd llygad Gwen.

Dal i ffrydio mae y ffynnon,
Dal i wenu mae y sêr,
Dal i wisgo newydd swynion,
Yn ei llwyn mae'r blodau têr;
Dal yn glir mae trem y lleuad
Yn y nos ar frig y nen;
Minnau sydd yn dal yn ffyddlon
I'r cyfamod wrth y ffynnon
Wnaethum gyda'm hannwyl Gwen.

At the Well

Late one moonlit night at the well,
Side by side stood Gwen and I,
While Venus, the star of love, cast her spell
And smiled down gently from the starlit sky;
There in the deep, deep silence,
With whispers did we our love impart
And in the presence of the kind moon above,
I vowed I would give my heart
To her who was my one true love.

A song came on the murmuring breeze –
A song full of magical charm,
As sweet as an angel's harmonies –
Spiritual, gentle and warm:
How this song touched my tender
Hidden heartstrings so full of zest,
And warmed by loving affection
I gave myself to this pure maiden
Whose image was in my breast.

The summer flowers were sleeping,
A smile each bloom did bear –
As if they were all a-dreaming
Of the blessings of this Eden fair.
They slept on – but at my side
The lily of love bent her head and sighed;
At the brink of the well 'neath the velvet skies
Was where my heart's love blossomed
In the warm embrace of sweet Gwen's eyes.

The well is still flowing,
The stars still smile from above,
The bright flowers are all still wearing
Fresh charms throughout the grove.
The moon's gaze remains clear
Through the night on high in heaven;
And I still remain forever faithful
To my dearest sweetest Gwen
And the tryst we made at the well.

Y Môr, y Môr

Y môr, y môr – am gyfaredd i mi
Wrth i mi dwrio i'w ddyfnder am ei serch,
Gorwelion y dŵr pen draw ei fyd,
Meddyliais wrth edrych o'r lan.
Yna o dan yr ewyn crwydrai fy meddwl
Ar drywydd gwirionedd yn y dyfnderoedd du
A gwelais ysbrydion dynion wedi'u boddi
Yn nhyb pawb, pob un yn cysgu.

Pelydrau disglair yr haul a oleuai'r dyfnderoedd
Fel mageiod y tylwyth teg
Ac ar wely helaeth yr heli
Symudai ysbrydion dynion.
Nid oedd y llongau a ddrylliwyd ar y môr
Bellach wedi'u dryllio o gwbl;
Aethant ymlaen ar garlam gwyllt
A chriw o ysbrydion wrth lyw'r cwbl

Ond wele, roedd storom yn rhuo'n wyllt
Dros y byd dyfrllyd hwn
A lle collodd pob morwr ei fywyd
Datblygai bywyd newydd yn ei le
A thra oedd un llong yn gandryll gribibion
A bu galar am y criw oedd wedi'i golli yn yr eigion,
Y llong ddyblyg oedd y llong go iawn
Oedd i'w gweld heb ei lluchio ar yr un don.

Fe glywsom am forwyr yn canu
Am fywyd ar donnau'r lli;

Ymweld â dyfnderoedd diderfyn y ddwfnlas don
Y gwna'r dewrion rai.
Mae cyfrinachau'r hyn sydd islaw
Yn hollol tu hwnt i amgyffred dyn
Ond mae ysbrydion y dynion a foddodd
Yn gallu eu datrys pob un.

The Sea, the Sea

The sea, the sea, how it fascinates me
As I probe its depths for its love;
The water's horizons, the end of its world
I thought as I looked from the shore,
Then under the foam my mind would roam
In search of truth in the deep,
And I saw the phantoms of drowned men
Whom all had thought were asleep.

The deeps are lit by the sun's bright rays,
It appears like a fairy glow,
And upon the ocean's expansive floor
There moved the spirits of men,
The ships that were wrecked upon the sea
Were now no wrecks at all;
They travelled along at enormous speed
And a spirit crew manned them all.

But lo, a storm was raging wild
Upon the watery world,
And where each sailor lost his life
Another new life unfurled,
And while one ship was a total wreck
And the crew were mourned as lost,
The duplicate ship was the real ship
Which seemed never a wave had tossed.

Untitled

Is this the land our fathers loved,
The freedom which they toiled to win?
Is this the soil whereon they moved?
Are these the graves they slumber in?
Are we the sons by whom are borne
The mantles which the dead have worn?
And shall we crouch above these graves,
With craven soul and fettered lip?
Yoke in with marked and branded slaves,
And tremble at the driver's whip?
Bend to the earth our pliant knees,
And speak but as our masters please?
Shall outraged Nature cease to feel?
Shall Mercy's tears no longer flow?
Shall ruffian threats of cord and steel,
The dungeon's gloom, the assassin's blow,
Turn back the spirit roused to save
The Truth, our Country, and the Slave?
Of human skulls that shrine was made,
Round which the priests of Mexico
Before their loathsome idol prayed;
Is Freedom's altar fashioned so?
And must we yield to Freedom's God,
As offering meet, the negro's blood?
Shall tongues be mute when deeds are wrought
Which well might shame extremist hell?
Shall freemen lock the indignant thought?
Shall Pity's bosom cease to swell?
Shall Honour bleed? Shall Truth succumb?

Shall pen, and press, and soul be dumb?
No; by each spot of haunted ground,
Where Freedom weeps her children's fall;
By Plymouth's rock, and Bunker's mound,
By Griswold's stained and shattered wall,
By Warren's ghost, by Langdon's shade,
By all the memories of our dead!
By their enlarging souls, which burst
The bands and fetters round them set,
By the free Pilgrim spirit nursed
Within our inmost bosoms yet,
By all above, around, below,
Be ours the indignant answer— No!
No; guided by our country's laws,
For truth, and right, and suffering man
Be ours to strive in Freedom's cause,
As Christians may, as freemen can!
Still pouring on unwilling ears
That truth oppression only fears.
What! Shall we guard our neighbour still,
While woman shrieks beneath his rod,
And while he tramples down at will
The image of a common God?
Shall watch and ward be round him set,
Of Northern nerve and bayonet?
And shall we know and share with him
The danger and the growing shame,
And see our Freedom's light grow dim,
Which should have filled the world with flame?
And, writhing, feel, where'er we turn,
A world's reproach around us burn?

Is 't not enough that this is borne?
And asks our haughty neighbour more?
Must fetters which his slaves have worn
Clank round the Yankee farmer's door?
Must he be told, beside his plough,
What he must speak, and when, and how?
Must he be told his freedom stands
On Slavery's dark foundations strong;
On breaking hearts and fettered hands,
On robbery, and crime, and wrong?
That all his fathers taught is vain —
That Freedom's emblem is the chain?
Its life, its soul, from slavery drawn!
False, foul, profane! Go, teach as well
Of holy Truth from Falsehood born!
Of Heaven refreshed by airs from Hell!
Of Virtue in the arms of Vice!
Of Demons planting Paradise!
Rail on, then, brethren of the South,
Ye shall not hear the truth the less;
No seal is on the Yankee's mouth,
No fetter on the Yankee's press!
From our Green Mountains to the sea,
One voice shall thunder. We are free!

John Greenleaf Whittaker

Y Ferch o Aberafon

Ro'n i'n rhodio ymlaen mor llon
Hyd y traeth a'i gerrig mân
Gan anadlu'n ddwfn o'r hallt awelon
A'u rhin yn werth mwy i mi nag arian.
    Daw'r alawon melysaf
Ar y gwynt sy'n chwythu o'r lli;
Oddi uchod, meddyliais, oedd y llais -
Neu o eiddo seiren y weilgi,
Un o seireniaid y lli, o, ni allai fod,
    Y ferch o Aberafon ydoedd
A ganai i mi mor swynol a dedwydd
(Cân a ollyngai 'nghalon yn rhydd).

Canai gân i'r cachgi bwms
    Yng ngardd ei chartref hi
Am angylion gloyw glandeg
    Yn wynnach nag ewyn blaen lli,
Am sut yr arweinient ddynion cyfeiliornus
    Gan ailgyfeirio eu camre'n iawn,
Ac mewn cywair tra soniarus
    Dyma'r adar siriol yn ei hateb hi.
Doedd dim golwg o'r adar na'u canu
Am yr angylion yr oedd ei chân hi
A'i hatebai o ganol y goleuni.

Ryw fore Sul braf a heulog
    Fe gwrddais â'r landeg eneth;
Rhosliw oedd ei boche
    Ac euraidd oedd ei phleth.

Cynigiais gadw cwmni iddi
At ddrws Salem ond dim cam yn fwy.
Dywedodd y gelen i ddod at y ddôr
Ond fiw i mi groesi'r trothwy,
Fiw i mi fentro mwy a ffarwelion ni,
Ond roedd 'nghalon wedi colli rhyw rinwedd
Lle gynt ni fu rhinwedd ynddi.

Fe ges i fy nenu at y capel bach,
Wyt ti isie gwbod pam?
Achos ni fyddai'r Ferch o Aberafon
Byth yn mynd heibio yr un cam
Heb fwrw golwg barchus
Fel a wnâi ei thadau 'slawer dydd,
Ac felly ar fore hawddgar arall
Wrth ddrws Salem cwrddon ni â'n gilydd.
Cwrdd fel gynt wrth ddrws yr hen gapel,
Dywedodd hithe "Gwnaf" a finne'r un fath
A byth eto ni fu raid dweud ffarwel.

The Maid of Aberavon

I strolled along so gaily
On the shingle by the sea
And breathed the salty breezes
Whose health were wealth to me.
The sweetest sounds of melody
Come wafting o'er the lea,
The voice me thought was from above
Or the siren of the sea,
A siren of the sea, oh no it could not be,
'Twas the Maid of Aberavon
Who sang so sweet to me
(Whose song my heart would free).

She sang a song to bumble bees
In the garden of her home
Of angels that were bright and fair
And whiter than the foam,
Of how they guided wayward men
And set their feet aright;
The merry birds they answered her
In tuneful tones and bright,
In tuneful tones and bright the birds were not in sight;
'Twas the angels she was singing of
That answered from the light.

Upon a sunny Sunday morn
I met the maiden fair,
Her cheeks were of a rosy hue
And golden was her hair.

I proffered my companionship
As far as Salem's door;
She said I may come just as far,
She could not venture more;
She could not venture more we parted at the door.
But my heart had lost some virtue
That it didn't have before.

This little Salem drew on me,
And shall I tell you why?
For the Maid of Aberavon
She never passed it by
Without a look of reverence
As her fathers did of yore.
So on another merry morn
We met at Salem's door,
We met at Salem's door, where we did part before.
She said "I will", I said the same,
So now we part no more.

Y Sarhad

F'anwylyd bach i, rwyt ti'n mynd i gael sbri
Gyda sgolors y Sul, pobol dduwiol dda.
Gobeithio y bydd hi'n bwrw glaw,
Hynny yw, y cewch chi hindda
Bara menyn gyda the a theisen
Wedi'i gwneud ar ddiwrnod gwyntog
Gydag ambell gyrensen ym mhob tafell
Gan orffen â pharti reit hwyliog.
Anfonwyd dy lythyr ar ei hynt,
Llawn gwybodaeth o arwyddocâd
Dy fod ti, f'anwylyd, yn mynd am sbri
Heb i mi dderbyn gwahoddiad.
Ond pe bai, petai, pe tase
I ti fynd â rhyw ddyn bach arall,
Dylet aros 'dag e am byth
A fydde 'da fi ddim ots y naill ffordd na'r llall.
Mi fues i'n ddyweddïedig, a ninnau bellach felly;
O mawredd, i feddwl dy fod ti mor ddi-hid
Wrth chwarae'r ffon ddwy neu deirpig,
Heb sôn am Bobi Bingo hefyd.
Ar fy ngair, ni chlywais yn fy nydd
Am ymddygiad mor ddigywilydd,
Dy fod gyda phleser yn derbyn
Cusan rhyw laslanc o ddyn.
Wyt ti wedi mynd yn shei o ran y swsys
Ers tro dwi'n gadael i ti eu blasu,
Ei bod yn well 'da ti gusan rhyw lencyn
Gyda'i fraich am dy ganol di.
Aethon nhw'n ddiffrwt gan na hoffet ti fod dy grwt

Yn eu gweld yn annheilwng ohono;
A wyt ti'n amau y bydda i'n awgrymu
Cymodi unwaith eto?
O na, nid fi, byddai'n well 'da fi hedfan
Lan at y dyn yn y lleuad
Na fel ci bach ufudd gynnig cymod
A chael fy ngalw'n rhyw hen bethau od;
Ond doed a ddelo mi fydda i yno
I weld dy fod yn cadw
At y llwybr wnest ti addo dan gwyno
Ei ddilyn hyd at dy farw.
I'w gweld nhw'n gloddesta,
Nid oes 'da fi'r amcan lleia,
Gall fod yn wir na fydd sbri i ti
Yn sbri o gwbl i mi.
Af i draw i'r paith
Lle cei ildio dy wefusau coch a llaith
Lle falle y byddi di'n torri dy lwon
A chymryd at ddyn arall, ysywaeth,
Falle y byddi di'n wincio
Dy lygad a 'ngweld i mor dwp â mul
Ond mae yna aml i lembo sy'n brin dan y bondo
I'w gael yn yr Ysgol Sul
A wnaiff esgus i ferch ei fod e'n sant
I'w hennill, ond y gwir yw mae'n bechadur o fri,
Dim ond iddi grafu'r holl baent bant.
Felly, dyma fi'n dwyn y gerdd yma i ben
Ond os ydyn ni'n cwrdd drwy ryw siawns gul
Dw i am i ti wybod y dylen ni fynd
Law yn llaw i sbri'r Ysgol Sul.

Slighted

My dear little sweet, you are going to a treat
Of Sunday scholars pious;
I hope you'll get the weather wet,
I mean, I wish it glorious;
Bread and butter rake, with tea and cake
Made on a day when windy,
With a current twice in every slice
Ending up with a shindy
The letter you sent on its errand went
With its valuable information
That you my sweet were going on a treat
Without giving me an invitation.
But if you should or rather would
Go with another chap
You should stay with him always
And I wouldn't care a rap.
I've been engaged, now we're engaged,
Oh, dear to think that you
Will play with ease at two's and three's
And Bobby bingo too.
Upon my word I've never heard
Of insolence such as this
That with pleasure you will commit
To take a young man's kiss.
Have you gone shy with the kisses I
These years have let you taste
That you prefer a snobby curs
With his arm around your waist?
Are they gone flat that you didn't like that,

Your lover should disdain,
Do you suppose I will propose
Re-conciliation again?
Oh no, not I. I'd rather fly
Up to the man in the moon
Than make it up like a silly pup
And be called a silly cow,
But I declare that I'll be there
To see that you do tread
The path that you with much ado
Vowed that you'd keep till dead.
To see them scoff the rashings off
I don't intend to see;
It may be true a treat to you
Will not be a treat for me.
I'll go to the field where you may yield
Your watery lips so red
When you may break your vows and take
To another fellow instead.
You may think or you may wink
Your eye and think me a fool
But there's many a coof that's slack in the roof
To be had in a Sunday school,
To pretend to a girl he's a saint
To try to win her. But she'll find he's a sinner
If she'll only strip off the paint.
So now I propose this poem to close
But if we should chance to meet
I willing you know that we should go
Together to the Sunday school treat.

Y Cyfalafwr

Dewch i siarad â'r olchwraig brudd ei gwedd
　Sydd drwy'r dydd wrth y twba'n slafo;
　　Dros bwy mae'n 'fradu ei llafur,
　　Dros bwy mae'r holl sebon a sgwrio?
　Fe bwyntia hi at y daflod ddi-raen
　Lle mae ei phlantos yn yr oerni'n crynu,
　Ac o'i holi ymhellach fe bwyntia draw
At dŷ crand y cyflogwr sy'n gwneud iddi chwysu.

Dewch i edrych ar y caeau yn y gwanwyn,
　Pan fydd popeth yn ir ac yn ffynnu;
Atolwg yr hen Hodge lluddedig a phenisel,
　Mor ddi-sbarc â'r ceffylau mae'n eu gyrru.
　　O'r pridd mae'n ymdrechu i dyfu'r
　　Grawn, yr aeronen a'r gwreiddyn
　　Ond gweler taw yng nghoffr ei feistr
　　Y mae ffrwyth ei holl lafur diderfyn.

Mae criw anghyflawn eich hen long
　Wedi'i llywio o'r trofannau i'r pegwn,
　Gyda 'mynedd chwiliant wrth rynnu
　Gan gysgu mewn twll enbyd a dwfn.
Mae cyfoeth y meysydd aur a gludant
　Yn gargo wnâi waddol i d'wysog
Ond mae gwaelu cyn pryd yn eu gadael
　Heb nerth, llawn gwynegon, a newynog.

Dewch i mewn i grombil y ffatri
Lle mae'r ifainc a'r gweinion yn cwyno

Gyda'i mwg, ogleuon a holl dwrw;
Ai dyma'r llawenydd y chwiliwn amdano?
Clychau'r gog, briallu a llygad y dydd
Dylai'r dwylo bach hyn eu plygu a'u mwytho
Ond drychwch arnynt yn cystadlu â'u rhieni,
Celc aur y perchennog i chwyddo.

Dewch, nodwch sut mae'r gwaith brics didostur
Yn dwyn ei hieuenctid odd' ar y ferch ifanc,
Gyda'i dwylo mor arw â'r tywodfaen,
Yn chwithig ei ffordd gan symud fel cranc.
Fel creadur trwmlwythog a thoredig
Plyga ei gwar, ei phen-glin yn crecian
Nes bod ei nerth a'i hysbryd wedi darfod
A drws y wyrcws tu ôl i'w sgerbwd yn clepian.

Dewch i chwilota pob llecyn dan y nen
A chanfod yr uffern mae 'di'i greu,
A dywedwch a ddylid oedi un eiliad yn fwy
Cyn i'r bwystfil gael ei ddileu?
Wnawn ni fagu plwc y Rhufeiniad gynt
A'i ddymchwel mewn rhyfel gogoneddus?
Neu barhau i offrymu ein hepiliaid diniwed
I faldodi'r Minotor barus?

The Capitalist

Come talk to the heart-broken washer
Who toils all the day at her tub;
For whom does she lavish her labour
For whom does she lather and scrub?
She points to the desolate garret
Where shiver her maidens and boys,
And shows if you question her further,
The mansion her sweater enjoys.

Come visit the fields in the springtime,
When everything freshens and thrives,
See Hodge overworked and dejected,
As dull as the horses he drives;
The root and the grain and the berry
He forces to burst from the soil,
But see in the safe of his master
The fruits of his measureless toil.

The crew of your undermanned vessel
Have steered her from tropic to pole;
They patiently search as they shiver
And sleep in a pestilent hole.
The wealth of the goldfields they carry,
A cargo would dower a queen,
But early infinity strands them,
Exhausted, rheumatic and lean.

Come enter the factory chamber
Where suffer the young and the weak,

Its smoke and its smell and its clatter,
Speak these of the joy that we seek?
The bluebell, the primrose, the daisy,
Those small hands should fondle and fold,
But watch them with parents competing,
To swell the proprietor's gold.

Come, mark how the merciless brickfield
The merry maid robs of her youth,
Her hands are as rough as the sandstone,
Her manners and movements uncouth.
Like beast overburdened and broken
She bends in the knee and neck,
Till drained of her strength and her spirit,
The workhouse encloses the wreck.

Come search every spot under heaven
And find there the hell he has made,
And say if the monster's destruction
Should be any longer delayed?
With old Roman pluck shall we face him
And crush him in glorious war?
Or still yield our innocent offspring
To pamper the huge Minotaur?

Dros y Môr

Mae bywyd mor ddiflas. Mae gwaith mor galed;
   Yn fy nilyn mae pryder a'i holl ysbrydion.
    Tlodi sydd drechaf ac i dorri'n rhydd
     Dros y môr rwy'n bwrw fy ngolygon.

Am flynyddoedd maith rwy'n dala fy nagrau
   A lifai'n hallt pe bawn yn agor y llifddor;
   Pan gerddaf ger y lli mae fy ysbryd llawn asbri
    Gan fod fy ngobaith draw dros y môr.

Mae nghorff yn ffygiol, wedi blingo o'i iechyd,
   Mor flinedig yr aiff y dyddiau heibio;
Ond i lawr ar y traeth, mae iechyd da o fewn cyrraedd
    Ac ar y môr aiff fy ysbryd ar ffo.

Y môr hwnnw sydd mor ysbrydoledig,
    Gwn bellach y bu'n galw arnaf;
Mi welaf yr Hwyl Wen ac fe'm cyfarchant yn llawen,
   Arnaf i maent yn galw gan ddyfod amdanaf.

Over the Sea

Life is so plain. Work is so hard;
Anxiety's ghosts follow me,
Poverty's chief, and for a relief
I cast my gaze over the sea.

For years and for years, I have holden my tears
That would flow if I let them free;
When I walk down the bay, my spirit is gay
For my hope is over the sea

My body is worn, of health it is shown,
The days pass, oh, so wearily;
But down on the beach, good health's in my reach
And my spirit goes out on the sea

That sea of spirit, that inspiring sea
Now I know which was calling for me;
I see the White Sail, and to me they hail,
They're calling and coming for me.

Cân y Llafurwr

Canaf i'r rheini sy'n llafurio,
I'r hwsmon sy'n trin y tiroedd,
I'r dynion yn y siop a'r pwll glo,
A'r llongwr sy'n hwylio'r moroedd.
Y gwir a gredaf, sy'n ddiarhebol braidd,
Yw bod llafur yn rhywbeth go sanctaidd.

Canaf i'r rhai tlotaf
I'r rheini distadlaf eu tras,
Y rheini sy'n cario'r pen trymaf,
Y dynion sy'n syml eu hurddas;
Yng ngolwg Duw a thrwy bob hawl a gwirionedd
Y rhain yw pendefigion y byd o'n cwmpas.

I'r rheini y mae ffyliaid yn eu hysblander
Wedi'u dirmygu yn eu ffordd falch ffôl,
I'r rheini y mae llysoedd a rheolau dyn
Wedi'u gwahardd rhag cyfiawnder
Dan faich yr Eglwys a'r Wladwriaeth
A phob rhyw ddiflastod a lol.

I'r rheini sy'n dilladu pawb yn y tir,
Yn dodrefnu tai ac yn darparu bwyd,
Sy'n rhoi gwên ar wyneb Natur
Gan roi daioni o'r iawn ryw,
Ac sy'n gorfod chwysu am bopeth
A ddaw i'w rhan fel a fynnai Duw.

Dylai'r rheini sy'n cynnal y Wladwriaeth

Eistedd ar ei gorsedd hi;
Ac nid y mawrion honedig a'u cyfoeth
Sy'n medi'r hyn a heuwyd ganddynt.
Dylai'r rhai sy'n cynhyrchu gael defnyddio
A rheoli'r hyn sy'n eiddo iddynt.

Pan fu'r Iesu yn rhodio'r ddaear hon
Galwodd yntau at ei ochr
Y rhai distadlaf o blith dynion
A chyda phob un bu'n byw ac yn dioddef.
Mae'r llafurio byth bythoedd ers hynny
Wedi gogoneddu ei weithredoedd ef.

Song of the Toiler

I sing for those who toil,
To men in shop and mine,
The husbandman who tills the soil,
The salt who sails the brine.
A truth I hold the proverb old
That labour is divine.

I sing for all the poor,
For those of humble birth,
Those who the brunt of life endure,
The men of simple worth.
By truth and right and in God's sight
The noblemen of earth.

For those whom gilded fools
Have scorned in silly pride,
For those whom courts and manmade rules
To justice have denied,
Who bear the weight of Church and State
And all the drones beside.

For those who clothe the race,
And furnish house and food,
Who put a smile on Nature's face
Dispensing real good,
For those who sweat for what they get
As God has said they should.

Those who uphold the State

Should occupy its throne;
And not the miscalled rich and great
Who reap what these have sown;
Those who produce should have the use
And ruling of their own.

When Christ was on the earth
He called unto his side
Some men of humble rank and birth,
With each he lived and died.
The toiling for evermore
His acts have glorified.